Mosaik für drinnen und draußen

Mit einfachsten Mitteln erwecken Sie das neue Flair einer alten Kunst in Küche, Kinderzimmer oder Bad zum Leben und setzen wirkungsvolle Akzente in Ihrem Garten. Mosaike finden ihren Platz nicht nur an Wänden und Böden. Filigrane Bilder und Ornamente aus Glas oder Keramik geben auch alltäglichen Dingen ein neues, freundliches Gesicht.

Mit Mosaiksteinen sind Ihrer Experimentierfreude keine Grenzen gesetzt. Schon mit wenig Material und einfachen Handgriffen holen Sie sich die Welt der bunten Steinchen in Ihr Zuhause.

Die Motive lassen sich in folgende Schwierigkeitsgrade unterteilen:

● ○ ○ einfach ● ● ○ etwas schwieriger ● ● ● anspruchsvoll

IHRE GRUNDAUSSTATTUNG

Folgende Materialien und Werkzeuge werden für fast jedes der hier im Buch gezeigten Modelle benötigt. Alles Übrige ist in der jeweiligen Materialliste enthalten.

- Mosaiksteine
- Mosaiksteinkleber
- Kopierpapier
- Klebefilm
- Kugelschreiber
- Bleistift
- Zangen in unterschiedlicher Größe zum Brechen der Mosaiksteine
- Pinzetten
- Gummibecher
- Messbecher
- Gießmasse in Pulverform (Achtung: Qualitätsunterschiede je nach Innen- oder Außenbereich!)
- Löffel oder Ähnliches zum Anrühren der Gießmasse
- Spachtel
- Schwamm

Mosaiksteine

Keramiksteinchen sind ganz neu im Fachhandel. Es gibt sie in vielen Farben, in zwei verschiedenen Größen (5 mm x 5 mm und 3 mm x 3 mm), glasiert und unglasiert, aus rotem oder weißem Ton. Sie eignen sich vorzüglich für kleinere, auch gegenständliche Mosaikarbeiten oder für Schmuck.

Die grünen, transparenten Glasmosaiksteine (1,5 cm x 1,5 cm) eignen sich besonders gut zum Verzieren von Glasgegenständen. Vorsicht ist beim Brechen der Glasquadrate geboten, denn sie splittern. Die Farbe ist nur einseitig aufgetragen. Beim Festkleben ist darauf zu achten, dass die Farbschicht nach unten weist, damit sie sich später nicht ablösen kann.

Gegossene, opake Glassteine gibt es im Fachhandel in vielen Farben (auf dem Bild in Blau, Hellblau und Weiß) und in zwei Größen (1 cm x 1 cm und 2 cm x 2 cm). Sie haben eine geriffelte Unterseite und eignen sich vorzüglich für geometrische Muster. Nicht so geeignet sind diese Steine für gegenständliche Mosaikbilder, da sie sich nach dem oft notwendigen Brechen schlecht aufkleben lassen.

Marmorierte, opake Mosaiksteine sind aus Glas geschnitten und ungefähr 1 cm x 1 cm oder 1,5 cm x 1,5 cm groß (auf dem Bild in Hellgrün). Sie sind auf beiden Seiten flach, lassen sich gut brechen und sind deshalb für gegenständliche Mosaike und für die indirekte Steinlegemethode (siehe Seite 9) geeignet.

Bruchsteine aus Marmorglas zeichnen sich durch eine oft lebhafte Musterung und unregelmäßige Form aus und lassen sich sehr gut zusammen mit den marmorierten, opaken Glassteinen zu einem Mosaik verarbeiten.

So wird's gemacht

Im Innenbereich können alle Objekte aus festen, nicht biegbaren Materialien wie Metall, Glas, Keramik, Ton oder fester Karton mit Mosaiken versehen werden. Besonders geeignet sind Gegenstände, die einen erhöhten Rand haben. Für den Außenbereich gibt es spezielle Rahmenformen aus Metall, aber auch Gegenstände aus Ton oder Keramik lassen sich mit Mosaiksteinen verzieren.

Anzahl der Mosaiksteine berechnen

Fast alle Mosaiksteine sind im Fachhandel entweder nach Anzahl oder Gewicht erhältlich. Zunächst die Fläche berechnen, die mit Mosaiksteinen versehen werden soll. Danach lässt sich anhand der hier angegebenen Werte die Anzahl oder bei den kleinen Steinchen auch das Gewicht der benötigten Steine ungefähr berechnen. Vor dem Einkauf klären, wie viel Prozent ungefähr von den jeweiligen Farben benötigt werden.

Ausgießen

Für Mosaike gefertigte Rahmen haben eine Art Drahtgestänge, damit das Mosaik später nicht aus der Halterung bricht. Der Rahmen wird zuerst mit einer speziellen Gießmasse ausgegossen (z. B. Reliefco von efco oder Raysin von Rayher). Bei größeren Rahmen und Objekten wie Spiegeln oder Tischen die Horizontallage mit der Wasserwaage überprüfen und gegebenenfalls mit Unterlagen korrigieren. Die benötigte Menge an Gießmasse (im Fachhandel nachfragen, besser zu viel als zu wenig!) nach Herstellerangaben mit Wasser zu einer klumpenfreien Masse anrühren und zügig bis knapp unter den Rand auf den Untergrund geben. Die verbleibende Randhöhe sollte der Stärke der Mosaiksteine entsprechen. Die Masse bleibt ungefähr zehn Minuten verarbeitungsfähig. Die Oberfläche sollte vollständig glatt werden. Aufsteigende Luftblasen gegebenenfalls aufstechen. Aushärten lassen.

Tipp: Bei den Gießmassen gibt es sehr große Qualitätsunterschiede. Sparen Sie hier nicht am falschen Ende. Mit einem klumpenden Gips, der nicht zu einer ebenen Oberfläche verläuft, schaffen Sie denkbar schlechte Voraussetzungen für das Gelingen Ihres Mosaiks.

Fläche	Größe der Steine	Fugenbreite	Anzahl/ Gewicht
10 cm^2	2 cm x 2 cm	2 mm	25 Stück
10 cm^2	1,5 cm x 1,5 cm	1 mm	36 Stück
10 cm^2	1 cm x 1 cm	1 mm	81 Stück
5 cm^2	5 mm x 5 mm	minimal	100 Stück/ 10 g
5 cm^2	3 mm x 3 mm	minimal	144 Stück/ 3,5 g

Übertragen der Vorlage

Das Motiv vom Vorlagenbogen kopieren. Kopierpapier und Vorlage mit Klebefilmstreifen im vorgesehenen Bereich befestigen und alle Linien mit Kugelschreiber nachziehen. Das Papier wieder entfernen, evtl. die Zeichnung an schwach übertragenen Stellen mit Bleistift oder Kugelschreiber nachzeichnen. Fehlversuche lassen sich bei ausgegossenen Objekten mit einem Messer wieder abkratzen.

Setzen der Steine

Je nach Steingröße und Arbeitstempo eine Fläche mit Klebstoff (z. B. decofix von efco oder Multikleber von Rayher) versehen und die Steine mit der Pinzette der Vorlage entsprechend nach und nach aufsetzen. Möglichst systematisch vorgehen! Immer erst mit ganzen Mosaiksteinen größere Flächen setzen, abschließend mehrere Steinchen einer Farbe brechen und damit die verbliebenen Lücken füllen. Wie gut die Steinchen haften, hängt nicht nur vom Kleber, sondern auch vom Material ab, auf das die Steine aufgeklebt werden.

Tipp: Mit der Zeit gelingt es Ihnen, die Mosaiksteinchen ganz gezielt zu brechen. Oft genügt es schon, die Zange im Randbereich anzusetzen, um den Mosaikstein zu halbieren.

Verfugen

Unbedingt prüfen, ob alle Steine fest sitzen. Wackelnde Steine entfernen, in Klebstoff tauchen und neu einsetzen. Dann die Fugenmasse nach Herstellerangaben anrühren. Die Konsistenz sollte ungefähr der von Zahnpasta entsprechen. Mit einem Spachtel die Masse zwischen die Steine drücken. Dabei systematisch vorgehen, damit unter der Fugenmasse keine Hohlräume entstehen. Überschüssige Fugenmasse zunächst grob mit dem Spachtel von den Steinen abstreifen. Falls später noch mit einer farbigen Fugenmasse nachverfugt werden soll, die Oberfläche sofort mit einem feuchten Schwamm bearbeiten. Dadurch wird die Fugenmasse geringfügig wieder aus den Fugen gewaschen.

Ungefähr nach einer Stunde können Fugenmassenreste mit dem Finger von den Steinen abgerubbelt werden (Herstellerhinweise beachten). Mit einem trockenen Schwamm oder weichen Tuch nachpolieren. Falls ein Grauschleier zurückbleiben sollte, abschließend die Steine mit Essigwasser abreiben.

Pastellfarbene Fugenmasse entsteht durch Zumischen von Acrylfarben. Kräftigere Farbtöne sind fertig gemischt im Fachhandel oder im Baumarkt erhältlich.

Der Froschkönig und seine Kugeln

→ Märchenhaftes für Garten oder Balkon

MOTIVGRÖSSE
Frosch
14 cm hoch
Kugeln ø 11 cm
und ø 13 cm

MATERIAL
- Styroporfrosch, 13 cm hoch
- 2 Gartenkugeln, ø 10 cm und ø 12 cm
- Keramiksteinchen in Anthrazit, Dunkelgrün, Gelb und Elfenbein, 5 mm x 5 mm
- marmorierte, opake Mosaiksteine in Gelb, Grün, Hellgrün und Blau, 1 cm x 1 cm
- Fugenmasse in Weiß und Grau

Frosch

1 Vor Beginn den Kleber an der Unterseite des Frosches ausprobieren. Manche Kleber greifen die Styroporoberfläche an. Keinen speziellen Styroporkleber verwenden!

2 Bei der Anordnung und Farbverteilung der Steinchen an der Abbildung orientieren. Mit den Augen beginnen und nach und nach die gesamte Oberfläche mit ganzen Steinchen bekleben. Den Frosch immer so unterbauen, dass die Fläche, die gerade bearbeitet wird, möglichst waagrecht liegt. Immer nur kleine Flächen mit Kleber versehen. Die Steine auf die Fläche aufkleben und trocknen lassen. Dann die nächste Fläche bekleben.

3 Entstandene Lücken schließen. Dazu immer gleich mehrere Steinchen mit einer kleinen Zange teilen. Klebstoff z. B. auf einen Pappteller geben, mit der Pinzette die Teilchen einzeln fassen, in den Klebstoff tupfen und dann in die Lücken setzen.

2 Weiße Fugenmasse anrühren und den Frosch verfugen. In Kanten und Ecken die Masse am besten mit den Fingern zwischen die Steinchen drücken. Abschließend reinigen.

Kugeln

1 Für die kleine Kugel die Mosaiksteine spiralförmig aufkleben, dabei immer zwei Farbreihen gleichzeitig festkleben. Zwischentrocknungszeiten einplanen und darauf achten, dass die Steine im noch feuchten Kleber nicht ins Rutschen geraten. Für die zweite Kugel werden die Steine sternfömig aufgeklebt.

2 Nach dem Bekleben der gesamten Kugel die Festigkeit der Steine überprüfen. Graue Fugenmasse anrühren, dabei etwas weniger Wasser als angegeben verwenden. Die Fugenmasse sollte nicht mehr fließfähig sein. Die Fugenmasse zwischen die Steine spachteln.

3 Nach dem Trocknen die Steine reinigen.

Tipp: Alle Fugenmassen sind mischbar, sodass Sie viele zu Ihrem Mosaik passende Farbtöne herstellen können. Wenn man einmal die richtige Konsistenz der Fugenmasse herausgefunden hat, fällt es nicht schwer, nach Gefühl erneut Pulver oder Wasser zuzugeben.

Vogelbad

→ Zierde für jeden Garten

1 Einen der Vorlage entsprechend großen Papierbogen evtl. aus mehreren Bögen Transparentpapier fertigen, dabei Klebefilmstreifen nur auf der Papierrückseite anbringen. Die Vorlage durchzeichnen.

2 Mehrere Mosaiksteine brechen, bis genügend Auswahl vorhanden ist, um die benötigten Motive zu legen. Tapetenkleister anrühren und mit dem Pinsel nach und nach im Bereich der Motive auf das Papier auftragen. Mosaiksteine auf das Papier kleben. Mit den Fischen und den Wasserpflanzen beginnen. Gewelltes Papier wird beim Trocknen wieder glatt. Innerhalb eines Farbfeldes, beispielsweise eines roten Streifens auf dem Fischleib, auf möglichst geringen Fugenabstand achten.

3 Wenn alle gegenständlichen Motive fertig sind, die frei gebliebenen Stellen mit blauen Mosaiksteinen ausfüllen. In der Mitte beginnen und die Steine bis dicht an den Bildrand setzen. Prüfen, ob alle Steine wirklich auf dem Papier festkleben.

4 Das Mosaikbild wenden und probehalber mit dem Papier nach oben in die Schale legen. Auf der Papierrückseite markieren, bis wohin die Steine gelegt werden dürfen, dabei ca. 5 mm Fugenrand einplanen. Unbedingt die Lage des Mosaiks sowohl auf dem Papier wie auch in der Schale (z. B. mit einem wasserlöslichen Folienschreiber) markieren. Das Mosaik wieder aus der Schale nehmen und die im Randbereich benötigten Steine ergänzen.

5 Die Fläche im Vogelbecken, die das Mosaik bedecken soll, vollständig mit Mosaiksteinkleber versehen. Das Mosaik der markierten Lage entsprechend kopfüber in das Klebstoffbett einlegen und gut andrücken. Nach dem vollständigen Trocknen des Klebers das Transparentpapier anfeuchten und vorsichtig abziehen. Mit einem feuchtem Tuch Tapetenkleisterreste vom Mosaik entfernen.

6 Mosaiksteine auf ihre Festigkeit überprüfen, lockere Steinchen erneut einkleben und eventuell Steinchen im Randbereich ergänzen. Ein wenig weiße Fugenmasse anrühren und mit roter und gelber Acrylfarbe verschiedene Pastelltöne herstellen. Ebenfalls die blaue Fugenmasse anrühren. Bei den hellen Wasserpflanzen und den Fischen die pastelligen Fugenmassen verwenden, grüne Pflanzen und das Wasser blau verfugen. Fugenmasse von den Steinchen entfernen.

Tipp: Hier wird das Mosaikbild seitenverkehrt aufgeklebt. Das wird gemacht, wenn die Vorlagenzeichnung nicht direkt auf den Untergrund – hier die blaue, glasierte Keramik – übertragen werden kann. Dabei ist es notwendig, dass die verwendeten Mosaiksteine auf beiden Seiten gleich aussehen.

MOTIVDURCHMESSER
ca. 42 cm

MATERIAL
- Vogelbecken (mit zugehörigem Fuß) in Blau aus glasierter Keramik, ø 42 cm
- Transparentpapier
- marmorierte, opake Mosaiksteine in Weiß, Gelb, Orange, Rot, Hellgrün, Dunkelgrün, Hellblau und Dunkelblau, 1 cm x 1 cm
- Klebefilm
- Tapetenkleister
- Fugenmasse in Weiß und Blau
- Acrylfarbe in Rot und Gelb
- Pinsel
- wasserlöslicher Folienschreiber

VORLAGENBOGEN 1A

Bilderrahmen und Tischleuchte in edlem Schwarzweiß

→ Mosaik mit Metallic-Folie

MOTIVHÖHE
Bilderrahmen 57 cm
Lampe 20 cm

MATERIAL
- Bilderrahmen aus Holz in Weiß, 47 cm x 57 cm,
- rechteckige Glaslampe aus mattiertem Glas, 10 cm x 20 cm x 10 cm
- ca. 325 Glasmosaiksteine in Transparent, 1,5 cm x 1,5 cm
- Folienkleber
- Metallic-Folie in Silber
- Fugenmasse in Weiß
- wasserlöslicher Folienschreiber
- Fliesenschneider

Bilderrahmen

1 Mit dem Folienschreiber die Ecken des Bilderrahmens auf der Glasplatte markieren. Wenige Glasmosaikplättchen auf die Glasplatte mit Fugenabstand zum Rand legen. Mit dem Folienschreiber markieren, wie weit die Glasplättchen nach innen reichen. Glasplättchen entfernen und Glasscheibe aus dem Rahmen lösen.

2 Im markierten, für die Glasplättchen vorgesehenen Streifen auf der Glasplatte mit dem Folienkleber nach Belieben Striche, Kreise oder Spiralen ziehen und trocknen lassen. Die Metallfolie nach Herstellerangaben aufreiben. Rundum eine Reihe Glasplättchen mit Mosaiksteinkleber aufkleben.

3 Den Holzrahmen auf dieselbe Weise mit Folienkleber und Folie versehen. Mit dem Fliesenschneider acht Glasplättchen für die Rahmenecken in Dreiecke brechen. Dann mit dem Mosaiksteinkleber zwei Reihen Glasplättchen parallel aufkleben.

4 Fugenmasse mit etwas weniger Wasser als angegeben zähflüssig anrühren und die Glasquadrate auf dem Glas und dem Glasrahmen verfugen. Die Fugenmasse im jeweiligen Randbereich abschrägen.

Tischleuchte

1 Grundsätzlich entspricht die Vorgehensweise der beim Bilderrahmen. Zuerst den für die Glasplättchen vorgesehenen Bereich markieren, Folienkleber auftragen und Metallic-Folie aufreiben.

2 Glasplättchen aufkleben, verfugen und die Glassteine sowie das Lampenglas abschließend vom Fugenkleberschleier befreien.

Tipp: Tragen Sie lieber zu viel als zu wenig Fugenmasse auf. Die Fugenmasse lässt sich über viele Stunden bearbeiten. Es empfiehlt sich jedoch, nicht zu früh damit zu beginnen, sonst wäscht man zu viel Fugenmasse wieder aus den Fugen. Noch nach Stunden lässt sie sich mit einem feuchten Schwamm glätten oder mit Schmirgelpapier be-arbeiten und die Kanten lassen sich mit dem Messer begradigen.

Südliches Flair

→ Teelichthalter und Oliventeller

MOTIVGRÖSSE
Teelichthalter 29 cm hoch
Oliventeller ø 20 cm

MATERIAL
- Dachpfanne mit Teelichthalter aus Terracotta, 29 cm hoch
- Blumentopf-Unterteller aus Terracotta, ø 20 cm
- glasierte Keramiksteinchen in Elfenbein, zwei Grüntönen, zwei Brauntönen und Aubergine, 5 mm x 5 mm
- unglasierte Keramiksteinchen in Terracotta, 5 mm x 5 mm
- Fugenmasse in Terracotta
- Schmirgelpapier, feine Körnung

VORLAGEN-BOGEN 1A

1 Zuerst den Metallhalter entfernen und die Zeichnung vom Vorlagenbogen mit Kopierpapier auf die Dachpfanne und den Teller übertragen.

2 Auf Teilbereiche des Motivs Klebstoff auftragen und Oliven, Blätter und Stiele nacheinander mit Steinchen setzen. Falls nötig, Steinchen mit der Zange brechen. Danach beim Oliventeller den dunklen Steinchenrand im Abstand von ca. 3 mm zum Tellerrand setzen.

3 Die terracottafarbenen Steinchen für eine gleichmäßige Musterung von außen nach innen setzen. Zuerst nur ganze Steinchen setzen, dann mehrere Mosaiksteinchen mit der Zange brechen und mit diesen die am Olivenzweig entstandenen Lücken füllen. Bei der Dachpfanne die terracottafarbenen Mosaiksteinchen bis zur Teelichthalterung kleben.

4 Die Fugenmasse anrühren und die Mosaike verfugen. Unmittelbar danach die Fugenmasse so gründlich wie möglich von den unglasierten Mosaiksteinchen entfernen. Zuletzt auch die glasierten Mosaiksteinchen reinigen. Abschließend den Windlichthalter montieren.

Tipp: Die unglasierten Mosaiksteinchen sind porös. Deshalb kann die Fugenmasse in die Steinchen eindringen. Behandeln Sie ihre Oberfläche zuletzt mit einem feinen Schmirgelpapier, um die gewünschte Wirkung von Steinchen und Fugen wieder zum Vorschein zu bringen.

Nützliches und Herzliches für den Garten

→ mit Aluminiumdraht als Begrenzung der Mosaike

Gießkanne

1 Motivvorlage auf die Gießkanne übertragen. Den Draht entsprechend dem Motivumriss biegen und der Kannenrundung anpassen. Entlang der Ober- und Unterkante der Gießkanne im Abstand von ca. 2 cm zum Rand jeweils ein Drahtstück biegen, dessen Enden sich über dem Ausguss treffen. Den Draht passgenau abschneiden und mit Sekundenkleber an mehreren Stellen festkleben. Während der Trocknungszeit die Drahtstücke andrücken.

2 Beim Aufkleben der Mosaiksteine darauf achten, dass die ungefähr 5 mm breiten Fugen später wie Blattadern wirken. Anschließend die marmorierten, quadratischen Mosaiksteine zwischen Gießkannenrand und Draht festkleben.

3 Die Festigkeit der Steine überprüfen. Dann mit grauer Fugenmasse zunächst das Blatt auf der liegenden Gießkanne verfugen, nach dem Antrocknen der Fugenmasse die beiden Randstreifen. Dafür die Fugenmasse mit etwas weniger Wasser anrühren.

Übertopf

1 Die Vorgehensweise beim Drahtherz entspricht der beim Blatt auf der Gießkanne.

2 Über der Nahtstelle des Blumenübertopfes und auf der gegenüberliegenden Seite zwei senkrechte Zierstreifen aus Mosaiksteinen anbringen, die links und rechts von einem Drahtstück begrenzt werden.

Tipp: Sie können den Draht grundsätzlich auch mit der Heißklebepistole festkleben. Es darf aber nur so viel Kleber aufgetragen werden, wie später problemlos mit Fugenmasse überdeckt werden kann.

MOTIVHÖHE
Gießkanne ca. 22 cm
Metalltopf ca. 12 cm

MATERIAL
- Gießkanne aus Zinkblech, 26 cm x 22 cm x 20 cm
- Metalltopf aus Zinkblech, ø 13 cm, 12 cm hoch
- marmorierte, opake Mosaiksteine in Grün, Orange und Rot, 1 cm x 1 cm
- Bruchsteine aus Marmorglas in Grün
- Aluminiumdraht, ø 2 mm, für die Gießkanne 2,20 m lang, für den Übertopf 1 m lang
- Sekundenkleber
- Fugenmasse in Grau
- kleine Drahtbiegezange
- Seitenschneider

VOLAGENBOGEN 1B

Eine Zierde für jede Küche

→ Pfiffiges und zeitloses Design

MOTIVGRÖSSE
Tablett 56 cm breit
Wandhalter 23 cm hoch

MATERIAL
- Holztablett, 56 cm x 34 cm
- Wandhalter für Filtertüten aus Pappmaché, 20 cm x 23 cm x 5 cm
- Keramiksteinchen in Rot, Elfenbein, Hellbraun, Goldbraun, Schwarz und Lachs, 5 mm x 5 mm
- Fugenmasse in Weiß und Rot
- Acrylfarbe in Rot
- Pinsel
- Malschwamm
- Schmirgelpapier, feine Körnung

VORLAGENBOGEN 2A

Tablett

1 Vorlage mit einem großen Bogen Kopierpapier auf das Tablett übertragen.

2 Beim Setzen der Mosaiksteine mit dem goldbraunen Mäanderstreifen beginnen. Danach die Innenfläche mit elfenbeinfarbenen Mosaiksteinchen füllen und dabei über die ganze Fläche verstreut einzelne hellbraune Steinchen einsetzen.

3 Alle Steinchen auf ihre Festigkeit überprüfen. Eine etwas festere Fugenmasse mit weniger Wasser als angegeben verwenden, damit der Holzrand anschließend leichter zu reinigen ist. Nach dem Reinigen der Steine den Holzrand bei Bedarf mit Schmirgelpapier vom Fugenmaterialschleier befreien.

Wandhalter für Filtertüten

1 Vorlagenzeichnung übertragen.

2 Mehrere schwarze Mosaiksteinchen halbieren. Kleber auf die Umrisslinien geben und damit alle Kontur- und Schattenlinien gestalten. Anschließend die farbigen Flächen zunächst mit ganzen und dann auch mit halbierten Mosaiksteinchen ausfüllen. Zuletzt von der Außenkante ausgehend die roten Mosaiksteinchen aufkleben. Mit roten Bruchsteinchen die entstandenen Lücken füllen.

3 Die gesamte Mosaikfläche mit weißer Fugenmasse ausspachteln. Im Randbereich die Fugenmasse abschrägen. Darauf achten, dass im Bereich der roten Mosaiksteinchen die Fugen tief genug bleiben für den späteren Auftrag von roter Fugenmasse. Dazu die Fugen evtl. mit einem feuchten Schwamm auswaschen.

4 Nach dem Trocknen der weißen Fugenmasse alle Flächen rund um Kaffeetasse und Kaffeebohnen mit roter Fugenmasse überarbeiten. Alle unbearbeiteten Flächen mit roter Acrylfarbe bemalen.

MÖVENPICK

Kirschenuhr

→ für Küche oder Esszimmer

1 Die Pappmachéuhr rundum mit weißer Acrylfarbe anmalen. Die auf Transparentpapier kopierte Zeichnung mit Kopierpapier auf den Rand der Uhr übertragen.

2 Die roten Glasnuggets aufkleben. Anschließend ein Blatt nach dem anderen mit Kleber versehen und mit den grünen Steinchen zunächst entlang der jeweiligen Blattkontur besetzen. Schwarze Steinchen halbieren und die Blattadern legen, dann das Blatt mit ganzen und halbierten grünen Steinchen ausfüllen.

3 Mit den gelben Steinchen am äußeren und inneren Rand beginnen. Zuerst nur ganze Steinchen legen, dann Lücken mit halbierten Steinchen füllen.

4 Die gesamte Fläche mit weißer Fugenmasse verfugen. Steinchen abschließend reinigen.

5 Ziffernblatt einlegen und das Uhrwerk mit den Zeigern montieren.

Tipp: Um Lücken im Mosaik zu füllen, tauchen Sie die halbierten Steinchen mit der Pinzette in den Kleber, den Sie zuvor auf einen Pappteller geben. Wenn Ihr Mosaiksteinkleber eine kleine Düse hat, können Sie den Klebstoff punktgenau auftragen und das Steinteilchen anschließend platzieren.

Tipp: Angerührte Fugenmasse kann in einem verschlossenen Becher mehrere Stunden verarbeitungsfähig aufbewahrt werden. Damit können Sie noch kleinere Reparaturen vornehmen, wenn die Fugen schon angetrocknet sind.

MOTIVDURCHMESSER
ca. 22 cm

MATERIAL

- Wanduhr aus Pappmaché mit Ziffernblatt, ø 22 cm
- Uhrwerk mit Zeigern in Schwarz
- Mosaiksteinchen aus Keramik in Grün, Schwarz und Gelb, 5 mm x 5 mm
- 12 transparente Glasnuggets in Rot
- Acrylfarbe in Weiß
- Pinsel

VORLAGENBOGEN 2B

Gartenidylle in Türkis

→ Tisch, Kugel und Übertopf

MOTIVHÖHE
Tisch 45 cm
Kugel 21 cm
Übertopf 25 cm

MATERIAL

- Tisch aus schwarz lackiertem Metall, 55 cm x 30 cm x 45 cm
- teilbare Styroporkugel, ø 20 cm
- Übertopf aus Terrakotta mit breitem Zinkblechrand, ø 17 cm, 25 cm hoch
- wetterfeste Gießmasse
- Draht, ø 3 mm, 1,5 m lang
- gegossene, opake Mosaiksteine in Türkis, Hellblau und Blau, 1 cm x 1cm und 2 cm x 2 cm
- Fugenmasse in Weiß und Grau
- Acrylfarbe in Blau Türkis und ggf. Schwarz
- Lackfarbe in Blau
- Sekundenkleber
- Malschwamm
- Pinsel
- Seitenschneider

VORLAGENBOGEN 2B

Tisch

1 Tischplatte mit der Wasserwaage in waagerechte Position bringen und anschließend mit der angerührten Gießmasse bis knapp unter den Tischrand ausgießen. Danach aushärten lassen.

2 Auf dem Vorlagenbogen ist ein Drittel des Musters dargestellt. Die Zeichnung dreimal nebeneinander mit Kopierpapier auf den Untergrund übertragen. Dann die Mosaiksteine auf die mit Kleber versehene Fläche aufkleben. Alternativ dazu die Steine ohne Vorzeichnung Reihe für Reihe entsprechend der Vorlagen festkleben.

3 Das schwarze Metallgestell des Tischs vollständig mit blauer Lackfarbe anmalen und trocknen lassen.

4 Die Festigkeit der Mosaiksteine überprüfen, danach mit weißer Fugenmasse verfugen. Abschließend die Steine reinigen.

Übertopf

1 Aus dem Draht acht gleichlange Stücke schneiden. Die Drahtstücke mit Sekundenkleber vertikal und möglichst symmetrisch auf dem Übertopf festkleben, sodass vier ungefähr 6,5 cm (oben) bis 5,5 cm (unten) breite Flächen entstehen. Überstehende Drahtenden mit dem Seitenschneider bündig abschneiden.

2 Auf dem liegenden Übertopf mit beliebigen Mosaiksteinen die Flächen zwischen den Drahtstücken nach und nach bekleben. Den Kleber vor dem Bearbeiten eines neuen Mosaiksteinstreifens trocknen lassen.

3 Die anderen, zwischen den Mosaikstreifen frei gebliebenen Flächen mit blauer und türkisfarbener Acrylfarbe austupfen.

4 Graue Fugenmasse mit wenig Wasser zu einem zähen, nicht fließfähigen Brei anrühren. Bei Bedarf mit wenigen Tropfen schwarzer Acrylfarbe dunkler färben, dann die Mosaikflächen verfugen. Nach ungefähr einer Stunde die Mosaiksteine mit einem feuchten Tuch reinigen.

Kugel

1 Die beiden Kugelhälften nacheinander bearbeiten. Zuerst mit sechs Reihen großer, türkisfarbener Mosaiksteine sternförmig bekleben. Eine Reihe türkisfarbener, kleiner Steinchen entlang dem Halbkugelrand kleben, danach die entstandenen Dreiecke mit kleinen und halbierten, kleinen Mosaiksteinchen füllen. Zwischentrocknungszeiten einplanen und immer wieder überprüfen, ob Mosaiksteine auf dem noch feuchten Kleber ins Rutschen geraten sind.

2 Die beiden Styroporkugelhälften passgenau zusammenkleben.

3 Alle Steine auf ihre Festigkeit hin überprüfen und dann die Kugel rundum mit grauer Fugenmasse von etwas festerer Konsistenz verfugen. Überschüssige Fugenmasse entfernen und die Steine reinigen.

Freundlicher Empfang

→ Namensschild und Hausnummer im selben Design

MOTIVHÖHE
Namensschild 27 cm
Hausnummer 18 cm

MATERIAL

- Metallrahmen in Schwarz, 50 cm x 23 cm, Randhöhe 3 cm
- Metalluntersetzer in Schwarz, 18 cm x 18 cm, Randhöhe 3 cm
- wetterfeste Gießmasse
- Keramiksteinchen in Gelb, Hellblau, Dunkelblau, Hellgrün, Dunkelgrün, Lachs, Rot und Schwarz, 5 mm x 5 mm
- Fugenmasse in Weiß
- Computerausdruck mit Namen und Hausnummer

VORLAGEN-BOGEN 1B

1 Beide Metallrahmen mit der Wasserwaage in horizontale Lage bringen und passend für die Mosaiksteinhöhe bis knapp unter den Rand ausgießen. Gießmasse aushärten lassen.

2 Den Namen und die Hausnummer mit Kopierpapier übertragen. Mehrere Blüten und Blätter vom Vorlagenbogen kopieren und nach Belieben rund um den Namen und die Zahl gruppieren.

3 Kleber nach und nach auf die Buchstaben und die Zahl auftragen. Beide mit dunkelblauen, ganzen und halbierten Mosaiksteinchen setzen, dann den Randstreifen in derselben Farbe. Anschließend Blüte für Blüte und Blatt für Blatt mit Mosaiksteinchen in beliebigen Farben ausgestalten.

4 Die Mosaiksteinchen auf ihre Festigkeit hin überprüfen. Weiße Fugenmasse anrühren und mit möglichst großem Spachtel auftragen. Falls die Oberfläche nicht glatt genug ist, mit einem feuchten Schwamm glätten. Abschließend Mosaiksteinchen reinigen.

Tipp: Wie viel Fugenmasse Sie benötigen, ist schwer abzuschätzen. Damit keine größeren Reste übrig bleiben, empfiehlt es sich, mehrmals eine kleinere Menge anzurühren, die an die bereits aufgetragene Fugenmasse angesetzt werden kann.

Tipp: Bedenken Sie, dass ein Tür- oder Hausnummernschild großen Temperaturschwankungen ausgesetzt ist, auch wenn Sie es an einer überdachten Hauswand befestigen. Sparen Sie also nicht bei der Qualität der Gieß- und der Fugenmasse.

Tipp: Probieren Sie beim Entwurf des Namensschilds mehrere Schriftarten in

großer Schrift aus. Auch im Internet gibt es viele Schriften zum Herunterladen. Bedenken Sie, dass der Name auch aus weiter Entfernung lesbar sein sollte und dass Sie jeden einzelnen Buchstaben Steinchen für Steinchen möglichst genau nacharbeiten müssen!

Tipp: Drehen Sie den Metallrahmen immer in die günstigste Position, bei der der Abstand von der Stelle, an der Sie gerade arbeiten, zum „Steinlager" möglichst gering ist.

Impressionen vom Strand

→ Welle und Muschel aus Mosaiksteinen

MOTIVHÖHE
Blumenkasten 17 cm
Muschelschachtel 6,5 cm

MATERIAL MUSCHEL SCHACHTEL

- Passepartout-Schachtel aus Pappmaché mit herausnehmbarem Deckeleinsatz, 14 cm x 6,5 cm x 14 cm
- Keramikmosaiksteinchen in Elfenbein, Hellbraun und Dunkelblau, 5 mm x 5 mm
- Fugenmasse in Weiß und Blau
- Borstenpinsel
- Alleskleber

BLUMENKASTEN

- Blumenkasten aus blauer Keramik, 37 cm x 17 cm x 17 cm
- gegossene, opake Glassteine in Dunkelblau, 2 cm x 2 cm
- gegossene, opake Glassteine in Türkis, Hellblau und Dunkelblau, 1 cm x 1 cm
- Aluminiumdraht, ø 3 mm, 1,10 m lang
- Fugenmasse in Weiß und Blau
- Sekundenkleber

VORLAGENBOGEN 2B

Muschelschachtel

1 Den Einsatz aus der Schachtel lösen und das Muschelmotiv möglichst mittig mit Kopierpapier übertragen.

2 Die mit Klebstoff versehenen Konturen und das Muschelmuster mit halbierten, hellbraunen Mosaiksteinchen setzen. Danach die Zwischenräume mit elfenbeinfarbenen Steinchen auffüllen. Den Einsatz probehalber in den Deckel einfügen. Die Lage auf dem Deckelrand markieren und anzeichnen, bis wohin die blauen Mosaiksteinchen geklebt werden dürfen. Deckel wieder entfernen und mit der jeweils äußeren Reihe beim Legen der blauen Mosaiksteinchen beginnen. Falls nötig rund um die Muschel mit gebrochenen Steinchen arbeiten.

3 Den Einsatz der Markierung entsprechend einkleben. Die Mosaiksteinchen auf ihre Festigkeit überprüfen, blaue Fugenmasse anrühren und das Mosaik verfugen. Die Fugenmasse auch auf den gesamten Deckelrahmen und die untere Schachtelhälfte dünn mit dem Borstenpinsel auftragen und trocknen lassen. Überschüssige Fugenmasse von den Steinchen entfernen.

Blumenkasten

1 Den Draht entsprechend der Vorlage biegen, dann der Blumenkastenform anpassen. Den Blumenkasten auf die Rückseite legen und den Draht mit Sekundenkleber an mehreren Stellen festkleben.

2 Die großen Mosaiksteine mehrfach der Länge nach brechen und die Glasrippen sternförmig um drei bis vier möglichst zentral eingeklebte, kleine blaue Mosaiksteine festkleben. Zusätzlich mit diesen Streifen nach Belieben Linien legen. Anschließend auf die gesamte Fläche kleine Mosaiksteinchen und auch Teilstücke aufkleben.

3 Alle Mosaiksteine auf ihre Festigkeit hin überprüfen und dann die gesamte Fläche mit weißer Fugenmasse ausfüllen. Zum Schluss Steine und Draht reinigen.

Tipp: Die Stärke des Drahts entspricht ungefähr der Höhe der Mosaiksteine. Er ist deshalb sehr gut als passende Umrahmung von Mosaiken auf allen möglichen Materialien geeignet. Ein Mosaik etwa innerhalb einer Drahtblüte oder eines Drahtherzens ist sowohl vom Zeit- wie auch vom Materialaufwand absolut überschaubar.

Meeresbrise im Bad

→ Mosaik mit Serviettentechnik

1 Seepferdchen, Seestern und andere Motive aus den Servietten ausschneiden. Die Motive nach Belieben auf den Gegenständen arrangieren. Beim Aufkleben mit Serviettenkleber nur die oberste Serviettenlage verwenden.

2 Die Glassteine möglichst gleichmäßig auf die Serviettenmotive kleben und Zwischentrocknungszeiten einplanen. Bei der Lampe darauf achten, dass die Glassteine vor dem Abtrocknen des Klebers nicht ins Rutschen geraten. Bei den Haken die Glassteine vorsichtig mit der Zange brechen und die Bruchstücke aufkleben.

3 Vor dem Verfugen die Festigkeit der Glassteine prüfen. Die Fugenmasse am Rand der Mosaiksteinreihen abschrägen. Abschließend die Glassteine reinigen.

Tipp: Diese Methode eröffnet eine Vielzahl von Gestaltungsmöglichkeiten. Grundsätzlich kann jede beliebige Serviette auf jedem beliebigen Gegenstand auf diese Art zum Mosaik werden.

Tipp: Beim Brechen der transparenten Glassteine ist äußerste Vorsicht geboten, denn es entstehen Glassplitter mit scharfen Kanten. Arbeiten Sie also am besten mit Handschuhen, fangen Sie alle Glassplitter auf einem Tablett auf oder brechen Sie die Glasquadrate in einer Plastiktüte.

MOTIVHÖHE
Keramikfliesen 10 cm
Keramikschälchen 4 cm
Glaslampe 30 cm

MATERIAL
- 2 Keramikfliesen in Weiß, 10 cm x 10 cm
- Keramikschälchen in Weiß, 14 cm x 4 cm x 6 cm
- Glaslampe für Teelicht, zweiteilig, 30 cm hoch
- 2 selbstklebende Haken in Weiß
- ca. 150 Glasmosaiksteine in Transparent, 1,5 cm x 1,5 cm
- je eine Serviette mit kleinen und mit großen Meeresbewohnern
- Fugenmasse in Weiß
- Serviettenkleber
- Pinsel
- kleine Schere

Unter südlicher Sonne gereift

→ Spiegelrahmen und Untersetzer in frischen Farben

MOTIVGRÖSSE
Spiegel 52 cm hoch
Untersetzer 20 cm breit

MATERIAL

- achteckiger Spiegelrahmen aus schwarzem Metall, 45 cm x 52 cm
- Untersetzer aus schwarzem Metall, 20 cm x 20 cm, Randhöhe 1,4 cm
- Mosaiksteine aus gegossenem Glas in Grün und Gelb, 2 cm x 2 cm
- gegossene, opake Mosaiksteine in Grün, Gelb und Blau, 1 cm x 1 cm
- Mosaiksteinchen aus Keramik in Anthrazit, 5 mm x 5 mm
- Gießmasse
- Fugenmasse in Weiß

VORLAGEN-BOGEN 2A

1 Die beiden Metallteile, vor allem den großen Spiegel, mit der Wasserwaage horizontal ausrichten und dann mit der angerührten Gießmasse entsprechend der Mosaiksteinhöhe bis knapp unter den Rand ausgießen. Aushärten lassen.

2 Die einzelnen Zitronen und die Blattmotive vom Vorlagenbogen kopieren und mit Kopierpapier beliebig oft auf die gehärtete Gießmassenschicht übertragen. Stiele frei ergänzen. Die beiden Zitronen mit Stiel und Blättern auf den Untersetzer übertragen.

3 Die großen, gelben Mosaiksteine willkürlich brechen und alle Bruchstücke auf einem Tablett sammeln. Zunächst die Zitronenmotive nach und nach mit Kleber versehen und die Steine mit möglichst geringem Fugenabstand aufkleben, danach die Blätter und Stiele. Beim Untersetzer ebenso vorgehen.

4 Die übrige Fläche mit den kleinen, dunklen Mosaiksteinchen bekleben. Beim Untersetzer entlang der Kanten abwechselnd kleine grüne und gelbe Mosaiksteinchen aus gegossenem Glas kleben. Dann die übrige Fläche mit blauen Mosaiksteinchen und zuletzt mit entsprechenden Bruchstücken ausfüllen.

5 Alle Mosaiksteine auf ihre Festigkeit überprüfen und beide Teile mit weißer Fugenmasse verfugen. Abschließend alle Steine von der überschüssigen Fugenmasse befreien.

Tipp: Die verschiedenen Arten von Mosaiksteinen haben eine unterschiedliche Höhe. Beim Spiegelrahmen spielt das keine wesentliche Rolle – im Gegensatz zum Untersetzer, bei dem die Oberfläche möglichst eben werden sollte.

Schmuck mit Mosaiksteinen

→ der neue Trend!

MOTIVGRÖSSE
Armband 16 cm lang
Ohrgehänge 5 cm lang
Anhänger 4 cm lang

MATERIAL
- Lederarmband in Beige, 16 cm x 1,5 cm
- Lederarmband in Schwarz, 16 cm x 2,5 cm
- Ohrgehänge mit Lederband in Schwarz, 5 cm x 5 mm
- Rohling für Kreuz aus Metall, 2,7 cm x 4 cm, und Blume, ø ca. 4 cm
- Keramiksteinchen in Elfenbein, Rot, Hellblau und Dunkelblau, 5 mm x 5 mm
- Keramiksteinchen in Elfenbein, Rosa, Rot, Hellblau und Dunkelblau, 3 mm x 3 mm
- Stiftperlen in Blau und Rot, 1 cm lang
- Fugenmasse in Rot

1 Bei den Lederteilen probehalber mit den Steinchen und Stiftperlen ein Muster auflegen. Wenn alles passt, das Muster neben dem jeweiligen Lederteil auslegen. Wenige Quadratzentimeter der aufgerauten Lederseite mit Kleber versehen und die Steinchen und Stiftperlen mithilfe einer Pinzette aufkleben.

2 In das Metallkreuz abwechselnd große, hell- und dunkelblaue Mosaiksteinchen einkleben.

3 Beim Blumenrohling genügt es, zunächst ein Blütenblatt mit einem beliebigen Steinchenmuster auszulegen. Die daneben liegenden Blütenblätter mit Klebstoff versehen und die Mosaiksteinchen in das Klebstoffbett einlegen. Zuletzt die unbefestigten Steinchen einkleben.

4 Die Metallschmuckteile können nach Belieben verfugt werden, z. B. ist die Blüte mit roter Fugenmasse ausgespachtelt. Die Lederschmuckteile werden nicht verfugt.

Tipp: Bevor der Klebstoff trocknet, müssen Sie alle Steinchen gelegt haben. Fangen Sie deshalb mit kleinen Klebstoffflächen an. Sie werden schnell herausfinden, wie groß die Fläche sein darf, die Sie einstreichen sollten.

Tipp: Schwarze Lederbänder eignen sich prima als Kette für die Anhänger.

Prachtvoller Gartenschmuck

→ leuchtet auch noch nach der Blütenzeit

MOTIVGRÖSSE
ca. ø 31 cm

MATERIAL
- Styroporkugel, teilbar, ø 30 cm
- gegossene, opake Glassteine in Rot und Hellorange, 2 cm x 2 cm
- gegossene, opake Glassteine in Hellorange und Dunkelorange, 1 cm x 1 cm

Abbildung auch auf Seite 1.

1 Die Kugel wird grundsätzlich wie auf Seite 21 beschrieben gestaltet. Allerdings erhält jede Kugelhälfte zwölf vertikale Reihen aus großen Steinen. Die beiden horizontalen Steinreihen sind ebenfalls aus den größeren Steinen gefertigt.

DIESES BUCH ENTHÄLT 2 VORLAGENBOGEN

IMPRESSUM

FOTOS: frechverlag GmbH, 70499 Stuttgart; Fotostudio Ullrich & Co., Renningen
DRUCK: frechdruck GmbH, 70499 Stuttgart

Auflage: 5. 4. 3. 2. 1.
Jahr: 2008 2007 2006 2005 2004 [Letzte Zahlen maßgebend]

ISBN 3-7724-3335-9
Best.-Nr. 3335